J'EXPLORE le monde

Le récif de corail

Jill Esbaum

Texte français de Claude Cossette

NATIONAL GEOGRAPHIC KiDS

SCHOLASTIC

Un récif de corail

Sous les vagues de l'océan, les rayons de soleil illuminent un monde de formes étranges et de couleurs éclatantes.

Les récifs de corail ressemblent à des plantes ou à des roches, mais regarde de plus près! Tu verras qu'ils sont composés de minuscules animaux appelés polypes coralliens.

Est-ce facile ou difficile de prononcer le mot polype?

Cette photo est un agrandissement. En réalité, un polype corallien n'est pas plus gros qu'une gomme à effacer au bout d'un crayon.

Un squelette rigide se forme autour du corps mou de chaque polype. À mesure que de nouveaux polypes se développent sur les anciens, un récif de corail prend lentement forme.

Ça brille!

Le récif de corail est un endroit très animé qui regorge de créatures, grandes et petites.

Certaines sont pressées. Des bancs de poissons colorés vont et viennent à toute vitesse. *Par ici! Non, attends. Par là!*

D'autres créatures prennent davantage leur temps. Le poisson-perroquet flâne autour du récif et en grignote des morceaux ici et là.

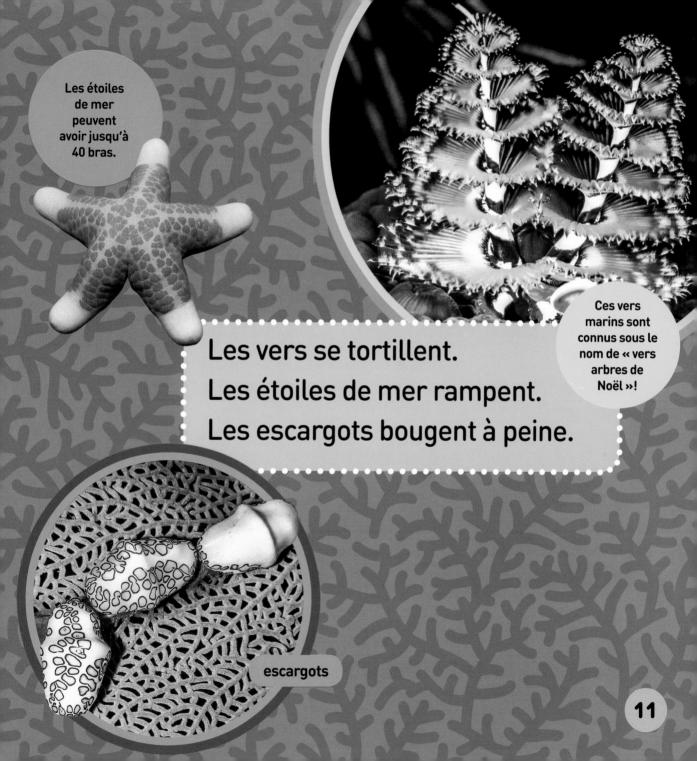

Les étoiles de mer peuvent avoir jusqu'à 40 bras.

Ces vers marins sont connus sous le nom de « vers arbres de Noël »!

Les vers se tortillent.

Les étoiles de mer rampent.

Les escargots bougent à peine.

escargots

Gloup!

Une anguille s'élance d'une fissure dans le récif pour attraper un poisson, mais elle rate son coup.

Une pieuvre se tortille pour se réfugier dans une grotte confortable.

Les hippocampes sont
si légers qu'ils enroulent leur
queue autour de plantes marines ou de
branches de corail
pour ne pas être
emportés par
les courants
marins.

oursins plats

Les oursins plats s'enfoncent dans le sol pour éviter d'être emportés.

Avec ses piquants, cette autre sorte d'oursins peut s'accrocher n'importe où.

oursin

Le bénitier géant demeure au même endroit durant toute sa vie. Ainsi il a beaucoup de temps pour manger... et GRANDIR.

Coucou!

Un poisson-clown pointe le bout de son nez entre les tentacules ondulants d'une anémone de mer.

Les anémones de mer ressemblent à des fleurs, mais ce sont des animaux.

tentacule
d'anémone
de mer

Une tortue marine
se régale de
plantes marines.

raie pastenague
à taches bleues

Ils rôdent...

Quand la nuit tombe, les raies, les requins et les autres chasseurs nocturnes entrent et sortent des ombres projetées par la Lune. Attention, petits poissons!

Une anguille attend patiemment que son repas s'approche d'elle.

Une pieuvre allonge les bras afin de trouver de la nourriture.

Un poisson-soldat est à la recherche de crevettes.

Réveille-toi, récif de corail!

Au petit matin, des poissons scintillants nagent à toute vitesse...

tandis que des méduses se laissent bercer par les vagues de l'océan.

Qu'est-ce qu'on mange pour souper?

ver marin

polype corallien

Quel est le plus petit animal que tu aies jamais vu?

Le polype corallien mange des crabes, des poissons, des crevettes et des vers marins fraîchement éclos. Il utilise les tentacules autour de sa bouche pour piquer et capturer ces minuscules créatures.

crabe

Les coraux sont également une source d'alimentation pour plusieurs animaux, comme l'étoile de mer, le poisson-perroquet et le poisson-papillon.

poisson-perroquet

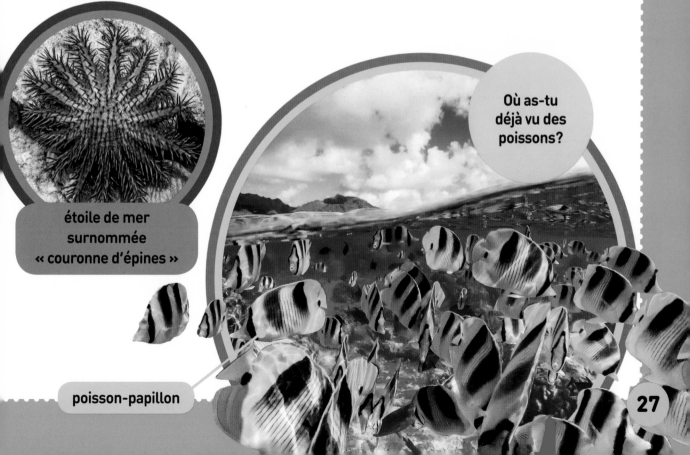

étoile de mer surnommée « couronne d'épines »

Où as-tu déjà vu des poissons?

poisson-papillon

Chouettes coraux!

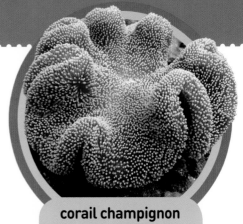

corail champignon
Sarcophyton

Quelles couleurs vois-tu dans ce récif de corail?

Les océans de la Terre abritent des centaines d'espèces de coraux. Leurs couleurs peuvent être aussi variées que celles d'un arc-en-ciel. Certains coraux ont des formes incroyables. Ils ressemblent à des ramures, à des doigts pointus et même à des cerveaux! En voici quelques-uns.

corail corne de cerf

corail-cerveau

Peux-tu dessiner un récif de corail multicolore?

gorgones

corail corne d'élan

Combien comptes-tu d'espèces de coraux dans ces deux pages?

Les récifs de corail de la Terre

Cette carte indique où se trouvent les récifs de corail sur la planète.

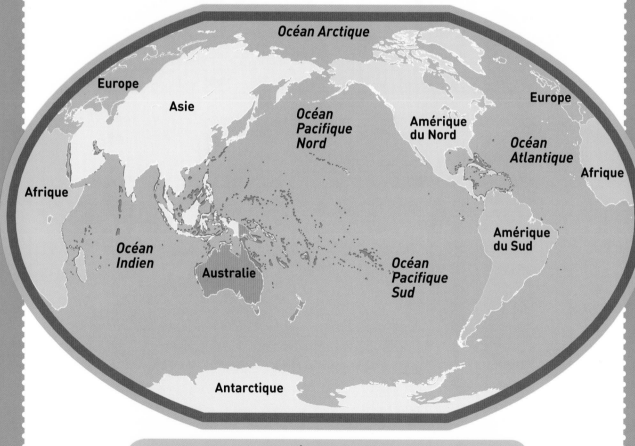

Océan Arctique

Europe

Asie

Océan Pacifique Nord

Amérique du Nord

Europe

Océan Atlantique

Afrique

Afrique

Océan Indien

Amérique du Sud

Australie

Océan Pacifique Sud

Antarctique

LÉGENDE

Endroits où l'on trouve des récifs de corail

Jouons à cache-cache

De nombreuses créatures vivant dans les récifs de corail se camouflent très bien dans leur environnement. Peux-tu trouver l'animal dans chaque illustration?

poisson-crocodile

poisson-faucon à long nez

hippocampes pygmées

poisson-grenouille

Pour Maverick — J.E.

Catalogage avant publication de Bibliothèque et Archives Canada

Titre: Le récif de corail / Jill Esbaum ; texte français de Claude Cossette.
Autres titres: Coral reefs. Français
Noms: Esbaum, Jill, auteur.
Description: Mention de collection: National Geographic kids. J'explore le monde |
Traduction de: Coral reefs.
Identifiants: Canadiana 20189058927 | ISBN 9781443176460 (couverture souple)
Vedettes-matière: RVM: Récifs et îles de coraux—Ouvrages pour la jeunesse.
Classification: LCC GB461 .E7314 2019 | CDD j551.42/4—dc23

Édition publiée par les Éditions Scholastic, 604, rue King Ouest, Toronto (Ontario)
M5V 1E1, avec la permission de National Geographic Partners, LLC.

5 4 3 2 1   Imprimé au Canada   119   19 20 21 22 23

Depuis 1888, National Geographic Society a financé plus de 12 000 projets de
recherche scientifique, d'exploration et de préservation dans le monde. La société
reçoit des fonds de National Geographic Partners, LLC, provenant notamment de
votre achat. Une partie des produits de ce livre soutient ce travail essentiel. Pour
plus de renseignements, veuillez vous rendre à natgeo.com/info.

NATIONAL GEOGRAPHIC et la bordure jaune sont des marques de commerce de
National Geographic Society, utilisées avec autorisation.

L'éditeur tient à remercier Danielle Dixson, Ph. D., affiliée à l'école de science
marine et de politique de l'université du Delaware, et Marc H. Bornstein,
Ph. D., spécialiste de la petite enfance, pour leur aide précieuse à la
réalisation de ce livre.

FSC
www.fsc.org
MIXTE
Papier issu de
sources responsables
FSC® C103113

RÉFÉRENCES PHOTOGRAPHIQUES
GI = Getty Images; NG = National Geographic Creative; SS = Shutterstock

Couverture, Georgette Douwma/GI; quatrième de couverture, richcarey/GI; 1,
richcarey/GI; 2-3, PBorowka/GI; 4-5, mihtiander/GI; 6-7, johnandersonphoto/
GI; 8-9, Enric Sala/NG; 10, richcarey/GI; 11 (en haut, à gauche), Frank
& Joyce Burek/NG; 11 (en haut, à droite et en bas), johnandersonphoto/GI; 12 (à
gauche), Richard Whitcombe/SS; 12 (à droite), Yann hubert/SS; 13, WhitcombeRD/
GI; 14, Borut Furlan/GI; 15 (en haut), Alex Mustard/ Minden Pictures; 15
(en bas), Dickson Images/GI; 16 (en haut), Jak Wonderly; 16 (en bas), NatalieJean/
SS; 17, Alex Mustard/ Minden Pictures; 18-19, Aleksey Stemmer/SS; 19, hocus–
focus/GI; 20, Brian J. Skerry/NG; 21, serg_dibrova/SS; 22-23, Reinhard Dirscherl/
GI; 23 (en haut), ShaneGross/GI; 23 (en bas), robertdewit66/GI; 24-25, Frederic
Pacorel/GI; 26 (en haut), Jad Davenport/NG; 26 (au centre), Howard Chew/Alamy
Stock Photo; 26 (en bas), David Fleetham/Alamy Stock Photo; 27 (en haut, à gauche
tae208/GI; 27 (en haut, à droite), Krzysztof Odziomek/SS; 27 (en bas), Global_Pics/
GI; 28 (à gauche), Design Pics Inc/NG; 28 (à droite), Hamizan Yusof/SS; 29 (en haut, à
gauche), Matt Propert/NG; 29 (en haut, à droite), johnandersonphoto/GI; 29 (en bas,
à gauche), Stocktrek Images/NG; 29 (en bas, à droite), John A. Anderson/SS;
30 (données de la carte), UNEP-WCMC, Worldfish Centre, World Resources Institute
The Nature Conservancy; 31 (en haut, à gauche), Alex Mustard/ Minden Pictures;
31 (en haut, à droite), Tim Laman/NG;31 (en bas, à gauche), Sidney Smith/NiS/
Minden Pictures; 31 (en bas, à droite), Birgitte Wilms/ Minden Pictures; 32, Isabelle
Kuehn/SS; arrière-plan corail en forme d'éventail, stuckmotion/SS; petit arrière-
plan avec coraux, ratselmeister/SS

Conception graphique de Brett Challos.

Si tu as la chance d'observer un vrai récif de
corail, admire-le avec tes yeux seulement.
Assure-toi de ne pas y toucher ni marcher
dessus. Des milliers de différentes créatures
dépendent des récifs de corail pour se nourrir et
s'abriter. C'est pourquoi il est important de les
protéger et de contribuer à les garder en santé.